GÜTERSLOHER
VERLAGSHAUS

Bibliografische Information der Deutschen Nationalbibliothek

Die Deutsche Nationalbibliothek verzeichnet diese Publikation in der Deutschen Nationalbibliografie; detaillierte bibliografische Daten sind im Internet über https://portal.dnb.de abrufbar.

1. Auflage

Abbildungen: © akg-images / MPortfolio / Electa
Druck und Einband: Těšínská tiskárna, a.s., Český Těšín
Printed in Czech Republic
ISBN 978-3-579-08513-5

www.gtvh.de

Jörg Zink

Drei Könige und ein Kind

Eine Betrachtung zum Dreikönigsaltar des Rogier van der Weyden

Gütersloher Verlagshaus

Lobt Gott, ihr Christen alle gleich,
in seinem höchsten Thron,
der heut schließt auf sein Himmelreich
und schenkt uns seinen Sohn.

Er kommt aus seines Vaters Schoß
und wird ein Kindlein klein;
er liegt dort elend, nackt und bloß
in einem Krippelein.

Entäußert sich all seiner Gewalt,
wird niedrig und gering
und nimmt an eines Knechts Gestalt,
der Schöpfer aller Ding.

Heut schließt er wieder auf die Tür
zum schönen Paradeis;
der Cherub steht nicht mehr dafür.
Gott sei Lob, Ehr und Preis.

Nikolaus Hermann
Lehrer und Kantor in Sankt Joachimsthal/Böhmen, 1560

Die Bilder der Weihnachtsgeschichte

Seit vielen Jahrhunderten gehören sie zur Weihnachtszeit: die farbigen Tafelbilder, Ikonen, Mosaiken und Schnitzwerke in Kapellen, Kirchen und Domen, die vom Weihnachtsgeschehen erzählen. Sie gehören zum Zauber dieser Tage, zum Glanz und Schimmer, den eine fromme Phantasie darübergelegt hat.

Aber diese Bilder wollen uns keine Idylle schildern, auch keine Träumerei, um uns zu trösten. Sondern sie sagen etwas, sie deuten, ja, fordern uns auf, nachzudenken über die Geschichte von einem Kind, das in ferner Vergangenheit irgendwo in einem kleinen Dorf am Rand einer Wüste geboren wurde und unser Lehrer und Helfer werden sollte.

Wer diese Bilder verstehen will, muss sich Zeit nehmen und sie in Ruhe betrachten, muss eigene Gedanken und Erfahrungen, das ganze eigene Leben mitbringen und sich dann die Frage stellen, was denn die Maler sagen, schildern, deuten wollten, als sie ihre Kunstwerke schufen.

Für die alten Maler biblischer Geschichten gab es keine Kunst um der Kunst willen. Nichts, das sie malten, sollte einfach nur schön sein, sondern sie wollten in ihren Bildern eine Wahrheit aussprechen. Deshalb können wir nicht verstehen, was sie uns zeigen, indem wir ihre Bilder analysieren und sie einordnen in eine Geschichte der Kunst, sondern nur, indem wir aufmerksam schauen – so lange, bis wir anfangen zu »hören«, was sie uns erzählen wollen.

Der »Dreikönigsaltar«, den der Maler Rogier van der Weyden um 1456 schuf, schildert auf drei Tafeln das Weihnachtsgeschehen: Links tritt ein Engel in eine vornehme Kammer und überbringt einer jungen Frau eine Botschaft von Gott. In der Mitte hegt eine Mutter ihr neugeborenes Kind. Ein fürsorglicher Mann behütet sie beide. Ein Stall schützt sie dürftig. Fremde Könige kommen, um dem Kind zu huldigen. Und rechts wird das Kind in einem hohen Kirchenraum vor Gott dargebracht. Ein frommer Mann und eine Prophetin deuten den Auftrag, den dieses Kind erfüllen soll.

Miteinander verbunden sind die drei Teile des Bilds durch die Bauwerke, die sie zeigen: Am linken Rand der Mitteltafel zieht sich eine Stadt einen Berghang hinauf, und auf dem linken Flügelbild besucht der Engel Maria in einem der schönen Bürgerhäuser. Am rechten Rand der Mitteltafel sehen wir über eine Mauer hinweg die hohe Außenwand eines Doms mit Bogenfenstern und Strebepfeilern, und auf dem rechten Flügelbild feiern in seinem Inneren die Eltern mit dem Kind, dem alten Simeon und der hochbetagten Hanna.

Ein seltsames Weihnachtsbild

Eine ganz ungewöhnliche Einzelheit ist es, die mich an diesem Altarbild, das nach seinem ursprünglichen Standort in der Kölner Sankt-Columba-Kirche auch »Columba-Altar« genannt wird, stärker beeindruckt als irgendein anderes Weihnachtsbild.

Zunächst ist ja alles so, wie wir es gewohnt sind: Drei prächtige Könige nähern sich dem Kind, rechts außen ein junger Mann, davor ein zweiter in mittleren Jahren und vor dem Kind ein alter, der ihm kniend huldigt. Zur Linken steht Josef, und in der Bildmitte thront, unter dem Dach einer mit Schilfbündeln notdürftig gedeckten Hütte, Maria, das Kind auf dem Schoß. Ochse und Esel wenden die Köpfe zur Szene, die sich auf den Seitenflügeln fortsetzt mit der Verkündigung an Maria und der Darstellung Jesu im Tempel.

Diese Mitteltafel hat nun einen erstaunlichen Fluchtpunkt. Gibt man sich beim Betrachten lange genug dem Linienspiel hin, den Farbflächen und dem Ineinander der verschiedenen Räume, geraten die Augen immer wieder wie von selbst an einen bestimmten Punkt: Der Stock des Josef und das Gewand der Maria deuten dorthin, das Schwert des jungen Königs schwingt auf ihn zu. Auch der doppelte Mantelsaum des alten Königs, Fuß, Knie und Goldgefäße des mittleren Königs und selbst der Hals des Esels lenken den Blick auf diese Stelle in der Bildmitte hin, wo sich die Linien schneiden mit dem Horizont, der davor hingebreiteten Stadt und den Arkadenbögen des Hauses. Es ist, als ob alles in diesem Bild nur den einen Punkt meine.

Dort hängt ein kleines, aus der Ferne kaum sichtbares Kruzifix am mittleren Pfeiler über Maria, dem Kind und dem ersten König, als sei hier nicht von Weihnachten die Rede, als sei hier nicht das Kind Jesus, sondern der leidende Christus gemeint, und als sei beides gemeinsam zu sehen: Weihnachten und der Karfreitag.

Was bedeutet das?

Man könnte meinen, Rogier van der Weyden erwarte, dass seine drei Könige erschrocken aufstehen würden und ratlos oder verdrossen nach Hause reiten, wenn ihnen das unscheinbare Kruzifix an der Wand die weitere Lebensgeschichte des Kindes erzählte.

Er entzieht es ihrem Blick und lenkt doch den unseren mit allen Mitteln des Malers darauf.

Schauen wir uns also das Bild genauer an.

Die Ankündigung des neuen Menschen

Beginnen wir mit der linken Tafel und bedenken wir dabei, dass das Festliche und Schöne einer solchen Tafel gleichsam die nach innen, in die Seele gewendete Seite der Erzählung ist.

In einer vornehmen Kammer kniet Maria an einem Betpult, als ein Engel »zu ihr hineintritt«, den Stab in der Hand, der ihn als Boten zeigt, um der jungen Frau in Gottes Auftrag etwas zu sagen.

Das Bild verweilt am Anfang der Geschichte, als der Engel sie grüßt und Maria fragt: Was ist das für ein Gruß? »Sei gegrüßt, du Begnadete, Gott ist mit dir«, steht vor dem Mund des Engels geschrieben.

Ein Lichtstrahl im Fenster und eine kleine weiße Taube, die in ihm flattert, lassen keinen Zweifel, dass hier ein Wort von Gott ergeht.

Was auf dieser Tafel geschieht, zeigt der Krug in der Mitte des Vordergrundes und die Lilie, die aufrecht in ihm steht.

Der Krug oder die Vase ist ein uraltes Symbol des Mutterschoßes, die Lilien sind oft ein Symbol der Keuschheit, auf Märtyrerdarstellungen auch des ungeteilten, zu Dienst und Opfer bereiten Menschen, und auf Bildern von der Verkündigung an Maria stehen sie für den neuen Menschen, den Gott ins Leben ruft.

Das eigentliche Thema deutet das Schnitzwerk am Betpult Marias an. Da stehen Adam und Eva unter dem Baum des Paradieses.

Adam, der alte Mensch, ist dem Tod verfallen, der Engel aber spricht von dem neuen Menschen, der in Christus zur Welt kommen soll. Eva, die aus dem Garten Eden Verstoßene, ist nun, in Maria, in neuer Gestalt gegenwärtig.

In dieser Spannung zwischen dem alten und dem neuen Menschen liegt das Grundthema aller drei Tafeln.

Das Haus auf dem Feld

Die Mitteltafel ist fast ganz ausgefüllt durch ein Bauwerk, das frei auf dem Feld steht, isoliert von den anderen Gebäuden, eine offene Ruine, nur behelfsmäßig mit einem Schilfdach gedeckt. Die Tiere im hinteren Teil des Gebäudes, Ochse und Esel, zeigen, dass es offenbar sonst als Stall genutzt wird. Der Baustil erinnert an eine Kapelle, wie sie auch andere Bilder der Weihnachtsgeschichte zeigen, vielleicht wurde sie niemals fertiggestellt. Nun ist sie zerfallen, das Kellergewölbe halb eingestürzt. Und auf den Mauern wachsen Gräser und Büsche, Efeu rankt hoch auf dem Giebel.

Hier klingt eine Erinnerung an. Im Buch des Propheten Amos wird auf eine Zukunft verwiesen, in der eine Ruine neu aufgebaut werden soll:

> »Zu jener Zeit will ich die zerfallene Hütte Davids
> wieder aufrichten und ihre Risse vermauern,
> will wieder aufrichten, was zerbrochen ist,
> und will sie bauen, wie sie vor Zeiten gewesen ist.« *Amos 9,11*

Die Kapellenruine auf dem freien Feld steht in deutlichem Kontrast zu den schönen, intakten Siedlungen im Hintergrund. Durch die offenen Bögen fällt unser Blick auf Häuser, einen Kirchturm, einen Wehrturm. Eine Straße führt vor einem Bauernhaus vorbei, die Hügel, Bäume und Wiesen ruhen, nichts stört den Frieden, in dem die Menschen dort leben, und auch der Reiter auf der Straße ist nichts weiter als ein Stück stiller Landschaft. Er hat seine eigenen Ziele, und die Kapelle mit ihrer seltsamen Szenerie liegt seitab, als stünde sie in einer anderen Welt.

»Ein Ochse kennt seinen Herrn und ein Esel die Krippe seines Herrn, aber Israel weiß nicht, wo sein Ort ist, mein Volk kennt mich nicht!«, sagt die Bibel in Jesaja 1,3. – Vielleicht will der Maler, indem er den fernen Reiter so dicht mit dem Horn des Ochsen verbindet, die Fremdheit zeigen, in der das Herz des Menschen lebt. Vielleicht will er dem einsamen Reisenden die natürliche Verbundenheit des Tiers gegenüberstellen, das zwischen der menschlich geprägten Landschaft und der Szene im Vordergrund steht.

Die Stadt und der Stern

Eine ähnliche Fremdheit, ein ähnlicher Abstand, liegt zwischen der Stadt und dem Stern, dem die Könige nachgewandert waren. Er war der Grund ihres Besuchs, denn obwohl wir gewöhnlich von »Königen« sprechen und das Bild es bestätigt, spricht die Bibel von Magiern, Sterndeutern, die eine Konjunktion zwischen Jupiter und Saturn zum Anlass genommen hatten, nach Palästina zu reisen, weil sie in der Verbindung von Jupiter, dem Stern der Könige, und Saturn, dem Stern der Juden, einen Hinweis auf die Geburt eines jüdischen Königs gesehen hätten.

Nun steht der Stern, sehr hell und groß, aber halb verdeckt durch das Gemäuer der Kapelle vor dem tiefblauen Himmel, während darunter in den Straßen der Stadt ein ruhiges und geordnetes Leben seinen Gang zu gehen scheint.

In unseren Tagen würde niemand in einem besonders hellen Stern die Aufforderung sehen, zu einem Kind zu wallfahren, und die Menschen in van der Weydens Stadt können es ebenso wenig. Vielleicht sehen sie einen Augenblick zum Himmel und bewundern die Erscheinung, vielleicht geben die Gebildeten allerlei Erklärungen ab, wie sie zu verstehen sei. Aber sonst lebt man in der Stadt ungestört, geht spazieren, kauft ein und weiß nichts von alldem, was draußen vor der Stadt in der Kapelle geschieht.

Ist es nicht heute genauso?

Wer begreift das Geheimnis, dass Gott hier gegenwärtig ist, wenn die Millionen künstlicher Sterne die Straßen und Häuser erleuchten und die weihnachtliche Botschaft in zahllosen Sprachen, Bildern, Symbolen verkündet wird? Bleibt es nicht auch für uns, für die Weihnachten so diesseitig, vordergründig geworden ist, halb verdeckt wie dieser Stern durch Missverständnisse, Brauchtum oder fromme Träumerei?

Dass dieses Kind von Gott kommt, will geglaubt sein wie eh und je.

Die Könige und das Kind

Im dunkelblauen Kleid der Himmelskönigin sitzt Maria, etwas seitlich der Bildmitte, wie auf einem Thron. Oder besser: Sie ist selbst der Thron für das Kind: sedes sapientiae, »Thron der Weisheit«, Sitz des Mensch gewordenen Wortes.

Der alte König kniet, respektvoll das Händchen des Kindes haltend. Seine prächtige Kopfbedeckung liegt auf der Erde. Mit seinem Gewand, dem goldenen Gürtel und der Tasche, dem reichen Mantel, dem Armreif und dem Tuch über der Schulter schildert der Maler die Pracht der burgundischen Herzöge, an deren Hof Rogier van der Weyden immer wieder zu tun hatte. Auch die beiden anderen Könige sind mit der Pracht europäischer Fürsten von damals gekleidet, sie spricht von Reichtum und Macht, hat aber hier nur die Bestimmung, Ausdruck der Verehrung und des Machtverzichts zu sein.

Die Menschen Rogier van der Weydens stehen und knien ernst und gesammelt, ihre Gesichter blicken streng und fast asketisch, in merkwürdigem Gegensatz zur festlichen, prächtigen Kulisse und all ihrem Pomp. Auch Maria und das Kind wirken nicht freundlich oder lieblich. Sie schauen nach innen, als dächten sie einer bedrückend schweren Zukunft entgegen. Die Christenheit wird Weihnachten wahrscheinlich erst wieder verstehen, wenn sie der Romantik, dem Zauber und den frommen Träumereien gründlich Lebewohl gesagt haben wird.

Es ist fast allen Weihnachtsbildern gemeinsam, dass sie das Kind nackt zeigen, nackt auf dem Schoß einer aufs Reichste gekleideten Mutter. Man möchte fragen, ob denn Maria nicht über ein wenig Tuch verfügt haben könnte, um das Kind einzuhüllen. Aber die Nacktheit des Kindes, seine kreatürliche Armut deuten auf das tiefere Geheimnis des Christus hin: In ihm ist Gott gleichsam schutzlos gegenwärtig, und auch die Mutter kann die Armut, die zuletzt am Kreuz enden wird, nicht aufheben.

Hinter dem alten König, der vor dem Kind kniet und es grüßt, nähern sich die beiden anderen Könige: ein zweiter, in mittleren Jahren, der seine Knie eben beugt, und dann ein junger Mann, der sich erst anschickt heranzutreten. Man hat gesagt, van der Weyden habe hier die drei Lebensalter schildern wollen, und sicherlich schwingt ein solcher Gedanke mit. So nähert der zweite König sich erst nach der würdigen Gestalt des Älteren, um es ihm gleich zu tun.

»Alle Herrlichkeit der Erde gehört dem Kind«, liegt in seiner Bewegung und Geste. In der Hand trägt er ein kostbares Gefäß, aber die Hände halten das Geschenk nicht fest. Leicht und lose liegen die Finger darum und berühren sich mit den Spitzen. Es ist nicht die Handbewegung eines Menschen, der etwas hat und festhält, sondern eines, der anbetet.

Das gedankenreiche Gesicht zeigt ihn nicht nur als einen klugen Menschen, der herrschen kann, sondern auch besorgt, ob er diese Herrschaft im Sinn und nach dem Willen dieses Kindes ausüben kann. Der König scheint zu wissen, dass alle Herrschaft von Gott ist, und wenn er betet, scheint er um die Vollmacht und den Frieden zu bitten, den dieses Kind auch den Mächtigen und Verantwortlichen zu geben vermag.

In der äußersten Ecke des Bilds ruht beim Fuß seines Herrn ein rassiger Windhund als vornehmer Reisebegleiter des dritten und jüngsten Königs. Man vermutet, der Maler habe in diesem jungen Mann, der sich so lebendig bewegt, Karl den Kühnen von Burgund (1433–1477) abgebildet, für dessen Hof er mehrfach gearbeitet und den er porträtiert hat. Die Lebhaftigkeit der Darstellung spricht dafür, denn während die übrigen Gestalten des Bilds bei aller Ausdruckskraft und Genauigkeit ihrer Züge doch vor allem bestimmte Typen repräsentieren, steht hier ein wirklicher junger Mann in einem reich bestickten, mit Hermelin besetzten Gewand. An seiner Seite hängt ein schwer mit Gold beschlagenes Schwert orientalischen Stils, und mit der Rechten nimmt er eben die mit Pelz besetzte Krone ab, um sie einem Diener zu geben und sich sein Geschenk, ein kostbares Gefäß, reichen zu lassen.

Das Auftreten dieser drei Könige hat etwas vom Zeremoniell eines Staatsakts an sich. Sie kommen nicht nur, um zu huldigen, sondern bringen ihre Autorität mit, ihre Herrschaft, ihre Verantwortung, die sie vor Gott zu tragen haben. Von diesem König, dem Christus, so scheinen die drei Könige van der Weydens zu sagen, haben wir das Maß für die Ordnung und das Recht, und dieser König, dieses Kind, wird uns dereinst richten. Von ihm werden wir Urteil und Gnade empfangen, und wenn wir selbst Frieden finden, geschieht es durch ihn.

Doch was treffen sie an?

Eine Königin? Nein: eine junge Frau, so arm, rechtlos und ungesichert wie Tausende anderer junger Frauen, die damals wie sie auf Befehl der Römer unterwegs waren. Was die Maler in Farbe und Gestalt so schön darstellen und in seiner Einmaligkeit durch einen zarten Strahlenkranz betonen, ist dem äußeren Auge unsichtbar. Das ist ein Reichtum, der geglaubt werden muss.

Ein Königskind, das sie mit der Geste eines Herrschers begrüßt? Nein: Ein armer kleiner Säugling liegt da, schlafend oder trinkend wie alle Säuglinge zu allen Zeiten. Die Würde des kleinen Kindes liegt verborgen und muss, wie die seiner Mutter, geglaubt werden.

Wären sie dreißig Jahre später gekommen, ihren König zu besuchen, sie hätten einen Wanderprediger getroffen, der von Pracht und Glanz gar nichts hielt. Vielleicht hätten sie sich geärgert, wenn sie seine Reden, etwa sein hartes Urteil über die Könige der Erde, gehört hätten:

> »Ihr wisst, wie es zugeht. Die Fürsten regieren die Völker zugrunde. Die Machthaber halten sie unter der Peitsche. Unter euch soll es anders sein. Wer unter euch eine Rolle spielen will, der soll die des Dieners übernehmen. Und wer unter euch eine leitende Verantwortung sucht, soll euer aller Knecht sein. Denn auch ich bin nicht gekommen, damit andere mir dienen. Ich bin gekommen, um mich wie einen Knecht zu verbrauchen und mein Leben hinzuwerfen, wie man das Lösegeld hinwirft, mit dem man Sklaven freikauft.« *Matthäus 20,25–28*

Das Kruzifix hängt am Mittelpfeiler wie ein Andachtsbild aus einer bürgerlichen Stube, als wollte der Maler sagen: Täuscht euch nicht! Ihr seht hier drei Könige, die ihre Pracht und Herrlichkeit vor einem Kind niederlegen, weil sie in ihm einen König der Könige sehen. Aber der König, den ihr hier seht, hat seine Macht abgelegt, als er ein Mensch wurde, und ging später in der Gestalt des Heimatlosen über die Erde, um Menschen nicht zu beherrschen, sondern zu lieben. Auch die Könige, die ihm so viel zu bringen hatten, werden ihm später nur noch ihren Glauben und ihren Unglauben bringen können, ihre Liebe und ihre Schuld. Auch sie werden bitten müssen: »Lass uns zu dir gehören. Außer unserer Liebe haben wir nichts zu schenken!« Ihre Aufgabe wird die aller sein, die ihr Leben Christus hingeben wollen: der Gestalt des gekreuzigten Christus ähnlicher zu werden und ihm im Erdulden des Leids näherzukommen.

Das ist schwer. Es ist viel einfacher, seinen Reichtum vor einem schönen Königskind niederzulegen, als seine Armut vor dem gekreuzigten Christus zu bekennen. Aber wer sich selbst kennt und der Liebe Gottes in diesem Menschen einmal begegnet ist, der weiß auch, dass gerade diese Stelle unter dem Kreuz der Ort ist, an dem wir auf die Knie gehen und anbeten sollen.

Ablehnung

Die Bestätigung, dass das wahr sei, lässt nicht lange auf sich warten. Auf dem Weg zur Kapelle hat sich ein Zug von Menschen gebildet, sie drängen sich in den Eingang und wollen sehen, was sich hier ereignet.

Aber noch während die Könige niederknien, formiert sich eine erste Front des Widerstands, denn der Neugier der Übrigen stehen zwei bärtige Männer im Wege, die eben durch die Tür treten und durchaus nicht wirken, als erfasse sie fromme Begeisterung.

Ein alter Mann mit weißem Haar wendet sich an seinen jüngeren Nachbarn mit Turban, fasst ihn am Arm und weist zum Kind hinüber, offenbar mit der Frage: Bist du dir darüber im Klaren, was hier passiert?

Van der Weyden meint hier vermutlich zwei Juden. Er meint jene ernsten, frommen, rechtschaffenen Männer zur Zeit Jesu, die wir Schriftgelehrte oder Pharisäer nennen, die mit Ernst und in großer Sammlung auf den Boten Gottes, den Messias, warteten, den König Israels. Das Gelb des Mantels, den der zweite trägt, war im Mittelalter die Farbe des Judentums.

Was geschieht hier eigentlich?, fragen sie, und ihre Antwort scheint zu lauten: Hier entsteht wieder eine Sekte! Hier ist wieder einmal eine Versammlung im religiösen Wahn! Wieder einmal einer jener falschen »Gottessöhne«, die unser Volk in die Irre führen! Was tun? Sich umdrehen und den Leuten unter der Tür sagen: Geht nach Hause? Hier ist nicht die Wahrheit, sondern der Unsinn? Hier ist nicht Gott, hier sind Wahnvorstellungen von Menschen? Hier ist nicht der Messias, sondern ein teuflischer Betrug?

Hinter den beiden erhebt sich, im Torbogen gerade noch sichtbar, eine Burg mit mächtigen Türmen. Es ist, als wolle der Maler sagen: So fest und stabil stand der Glaube des biblischen Volks, und nun ist alles offen.

Nun ist der gekommen, auf den man gewartet hatte, und nun ist alles ganz anders, als man dachte. Nachdenklich wendet der linke Mann sich

an seinen Nachbarn, aber der hat sich offenbar schon entschlossen abzulehnen, was er da sieht. Wenn Gott kommt, so scheint er zu denken, dann sieht das anders aus als hier.

In der Tat: Es bedarf eines mühsamen Umdenkens, um die merkwürdig widersprüchliche Szene zu verstehen.

Zwei Männer am Rande

Wie ein Repräsentant der Stadt kniet am linken Bildrand der Haupttafel ein in Schwarz gekleideter Mann, als sei er eben auf der Straße hergekommen, die von der Höhe zwischen den Häusern herab bis in den Vordergrund führt. Man nimmt an, hier sei der Bürgermeister von Köln dargestellt, Goddert von dem Wasservasse, der um 1460 eine Kapelle in Sankt Columba gestiftet und wohl auch den Altar für sie bestellt hat.

Vor dem Stifter steht Josef, entsprechend der Tradition als alter Mann dargestellt, in leuchtend rotem Mantel wie ein Gegengewicht zum zweiten der Könige. Als ob er die Bewegung der hereindrängenden Menschen aufzufangen hätte, steht er aufrecht vor einem Pfeiler auf der letzten Stufe einer Treppe, die aus dem zerfallenen Kellergewölbe hinaufführt zum Ort des Geschehens. Er hält seinen Hut respektvoll vor sich, und neben ihm steht auf einem kleinen Tisch das goldene Gefäß, das der erste König ihm überreicht hat.

Josef blickt nicht auf Maria, auch nicht auf die Könige oder die Menschen hinter der Tür, sondern ins Leere. Er grübelt. Er denkt nach über die Seltsamkeiten, die ihm die Ereignisse zumuten: über die Könige, über die Herkunft dieses Kindes und seine Zukunft, und es scheint, als stehe er stellvertretend für uns und bewege in seinem Herzen all die Zumutungen mit, die die Weihnachtsgeschichte an unseren Glauben und unser Nachdenken stellt. »Empfangen vom heiligen Geist«, »geboren von der Jungfrau Maria«, formuliert das traditionelle Glaubensbekenntnis, und es ist wenig gewonnen, wenn wir die Weihnachtsgeschichte an diesen seltsamen Sätzen vorbei und ohne sie zu verstehen suchen.

Der Kopf des Josef ist der eines Asketen, eines Menschen also, der der Wahrheit zu begegnen hofft, indem er sich mit Leib, Seele und Geist auf die Begegnung mit dem Fremden, dem Unerwarteten, Mühsamen, Fordernden vorbereitet. Askese ist eine stete Übung für jeden Menschen, der die Wahrheit sucht in einer Begegnung mit dem wirklichen Gott.

Der Dom

Auf der rechten Bildseite ragt ein Dom empor: groß, monumental, abgeschlossen und unversehrt, in einem seltsamen Kontrast zur Kapelle in der Mitte des Bilds. Er steht daneben. Mehr hat er wohl mit der Szene nicht zu schaffen.

Zwei Möglichkeiten gibt es, dieses merkwürdige Abseitsstehen der großen Kirche zu deuten. Die eine ist, in dem mächtigen, unbeteiligten Dom das Alte Testament zu sehen, denn der rechte Flügel des Altars zeigt die »Darstellung im Tempel« in genau diesem Dom. Dort bringen die Eltern das Kind Jesus an einen Altar, um es nach alttestamentlicher Vorschrift vor Gott »darzustellen«. Sie erfüllten ein Gesetz, das für die frommen Juden galt, und stellten sich damit bewusst in die Traditionen ihres Volks. Auf der Mitteltafel ist von diesem Dom der alttestamentlichen Vorstellungen nur noch die Außenseite zu sehen. Ihm gegenüber, in der Kapelle auf dem freien Feld – wohl doch keine Ruine, sondern eher ein unfertiger Neubau – entsteht die Kirche Jesu Christi, und die fremden Völker treten in Gestalt der Könige herzu, um anzubeten.

Die andere Möglichkeit, das Nebeneinander von Dom und Kapelle zu deuten, liegt darin, dass in der Epoche van der Weydens eine ähnliche Spannung zwischen alten Traditionen und einem neuen Geist bestand. Damals spielten in den Niederlanden und weit darüber hinaus die »Brüder vom gemeinsamen Leben« eine bedeutende Rolle. Sie sammelten sich in Klöstern, Bruderschaften oder losen Gemeinschaften und suchten nach einer Vertiefung und Verinnerlichung ihres Glaubens – in einer Zeit, in der die Kirche verweltlichte und veräußerlichte. Sie verließen ihre Kirche nicht, aber sie gründeten Gemeinschaften von Priestern und Laien in ihr. Sie waren überzeugt, dass Gott in der kleinen Gemeinschaft gegenwärtig sei, auch wenn man ihn in der großen Kirche nicht mehr findet. In kleinen Kreisen, so glaubten sie, gelte es an der wahren Kirche zu bauen, am Haus Gottes auf dieser Erde.

Es könnte sein, dass van der Weyden diesem Gedanken hier Ausdruck verliehen hat. »Wo kommt Gott in die Welt?«, scheint er zu fragen – und

gibt mit der Kapelle und ihrem dürftigen Notdach die Antwort: Dort, wo Menschen zusammenkommen, um den Mensch gewordenen Gott anzubeten unter dem Zeichen des gekreuzigten Christus.

Denn die Kirche ist nicht an ihrer Fassade kenntlich, nicht an der Macht, die sie ausübt. Wichtiger ist, ob Christus ihre Mitte bildet, und zwar der leidende, sterbende Christus. Diese Kirche aber ist in allen Jahrhunderten weiterhin erst im Bau, und mehr als das unfertige Gebäude notdürftig zu decken, wird in dieser Welt nicht gelingen.

Das Opfer im Dom

Nachdem Maria vierzig Tage lang, wie es das Gesetz des Mose vorschrieb, zurückgezogen in der Stille gelebt hatte, brachte sie Jesus nach Jerusalem, denn es war Sitte, das erste Kind einer Mutter, wenn es ein Knabe war, im Tempel feierlich Gott »darzustellen«, zum Dank für seine besondere Güte und als Zeichen dafür, dass dieses Kind ihm in besonderer Weise gehören sollte. Die Eltern opferten dabei nach der Vorschrift des Gesetzes zwei Turteltauben oder zwei junge Tauben.

Da war nun in Jerusalem ein Mann mit Namen Simeon, der lebte in strenger geistlicher Ordnung und in wachem Glauben. Er wartete sehnlich auf den Trost Israels – den heiligen Herrscher, der von Gott kommen sollte –, und Gott hatte ihm Herz und Geist für sein Geheimnis geöffnet. So hatte ihm Gott auch zu verstehen gegeben, er werde nicht sterben, ehe er Christus, den Bevollmächtigten Gottes, gesehen hätte.

An jenem Tag nun trieb es ihn in den Tempel, und als die Eltern das Kind Jesus zu der gewohnten Feier hereintrugen, nahm er es auf die Arme und rühmte Gott mit einem Lied:

> »Nun magst du, o Herr, deinen Diener im Frieden entlassen;
> was du versprochen hast, ist erfüllt.
> Denn meine Augen sahen dein Heil, das du bereitest,
> uns und der ganzen Welt sichtbar.
> Ein Licht, das den Völkern zeigt, wer du bist,
> und das einen hellen Schein wirft auf dein Volk Israel.« *Lukas 2,29–32*

Mit dem Kind auf dem Altartisch stehen acht Menschen im Vordergrund. Im Hintergrund lehnt an einer Säule ein Bettler, und ein von draußen kommender Besucher kramt in seiner Tasche, um etwas für ihn zu finden. Ein kleiner Hund schaut vom Fußboden zu den Versammelten auf: in der Mitte Maria im blauen Mantel, hinter ihr Josef mit einer Kerze und eine Begleiterin, die ein Körbchen mit den beiden Tauben trägt. Rechts stehen Simeon und die Prophetin Hanna. Über dem Kind ist der Anfang von Simeons Lied zu lesen.

Mit diesem Bild deutet Rogier van der Weyden noch einmal das Kruzifix auf der Mitteltafel, denn die Darstellung des Kindes über dem Altar ist das Symbol eines Opfers, das ein Mensch mit seinem Leben bringt und für das die beiden Tauben stellvertretend stehen. Es vollzog sich am Karfreitag, als Christus am Kreuz hing und der große Tausch abgeschlossen war, der Tausch zwischen Gott und Mensch: Gott leidet, und der Mensch wird frei.

Zweimal erscheint das Kind auf dem Altar des Rogier van der Weyden. Das erste Mal ruht es auf dem Schoß seiner Mutter, und ein König kniet vor ihm und wendet sich ihm zu. Aber es zeigt sich, dass das Kind, das so wach beobachtet und die Huldigung des prächtigen Fremden so selbstverständlich entgegennimmt, im Grunde der König ist.

Das zweite Mal ist es ein Priester und eine Prophetin, die ihm huldigen, und der Platz des Kindes ist der Altar. So drückt der Maler aus, der eigentliche Priester sei das Kind, und es sei zugleich das Opfer, das über dem Altar dargebracht wird.

Was das Kreuz in der Kapellenruine ausdrückt, wiederholt sich: Das Kind ist das Opfer, das gebracht wird für das Heil der Welt.

Das Lukasevangelium erzählt die Begegnung mit Simeon und Hanna in diesen Worten weiter:

> Die Eltern hörten die Worte über ihr Kind erstaunt und bewegt, Simeon segnete sie und sprach zu Maria, der Mutter:
>
> »Wisse, er ist für viele in Israel
> gesetzt zu Tod oder Leben.
> Ein Zeichen von Gott,
> das Widerspruch erregt
> und die Gedanken vieler offenbart.
> Ein Schwert wird dringen
> auch durch deine Seele.«
>
> Im Tempel war auch Hanna, eine Prophetin, aus der Familie Penuël, dem Stamm Ascher. Sie stand in hohem Alter. Als junge Frau hatte

sie sieben Jahre mit ihrem Mann gelebt, dann war sie bis zu ihrem vierundachtzigsten Jahr Witwe gewesen. Sie verließ den Tempel nicht mehr und lebte nur noch dem Gottesdienst mit Fasten und Beten, Gott dienend Nacht und Tag. Die kam in jener Stunde auch zu den Feiernden, sprach einen Lobgesang und redete über das Kind Jesus zu allen, die auf die Erlösung Jerusalems warteten.

Als sie die Feier beendet hatten, wie das Gesetz Gottes sie vorschrieb, kehrten sie zurück nach Galiläa, in ihre Stadt Nazareth. Das Kind aber wuchs heran und nahm zu an geistiger Kraft, und Gottes Freundlichkeit war mit ihm.

Lukas 2,34–40

Weihnachten ist nur ein Vorspiel

Wenn wir Rogier van der Weyden auf dem Weg durch seine Bilder folgen, werden nicht nur Fragen nach der heiligen Geschichte und ihrem Sinn wach, sondern auch Fragen, die wir an uns selbst richten: Was erwarten wir denn von Gott? Erwarten wir, dass er die Stadt hinter der Szene mit den Königen schützt vor Unglücksfällen und Katastrophen?

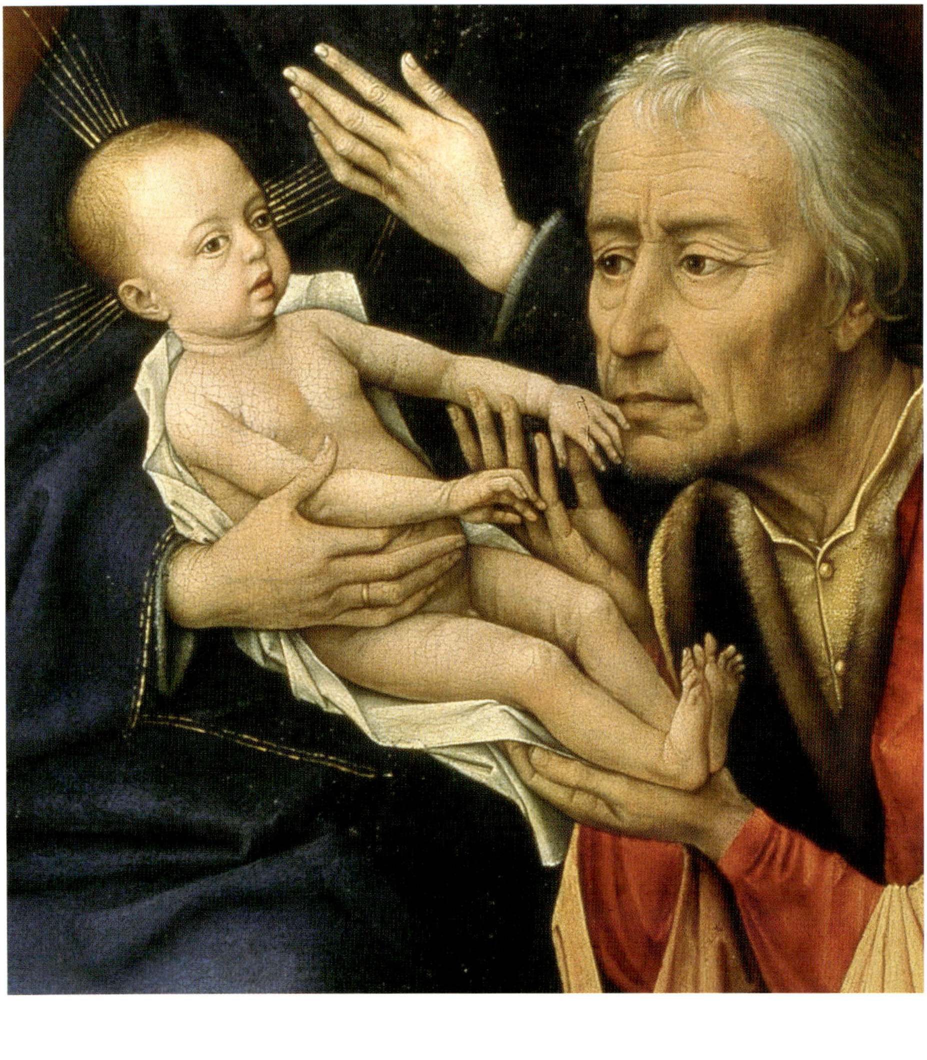

Dass er die Macht der Mächtigen mit göttlichem Recht ausstattet? Dass er die Tradition bestätigt, die wir in unseren Kirchen pflegen? Dass er sich aus unserem menschlichen Tun und Denken heraushält und das Große, das Ungewöhnliche, das unsere Gedanken sprengt, nicht geschehen lässt? Oder haben wir Raum für ein Wunder und für ein Wort?

Gott jedenfalls tut das ganz Andere. Er verweist uns auf das, was über die engen Grenzen unseres Denkens hinausliegt – und verweist uns, wenn wir uns in frommen Bildern, Spielen, Worten und Liedern allzu idyllisch einrichten möchten, mit Nachdruck auf die Wirklichkeit zurück. Er verweist auf das Kreuz und sagt damit: Wo du am Ende deiner Weisheit und deiner Kräfte bist, am Ende deines Selbstvertrauens und deiner Zuversicht, da bin ich bei dir! Denn Weihnachten hat nichts mit den klugen Gedanken zu tun, die du über Gott denkst, sondern mit den Tiefen und den Dunkelheiten deines Daseins.

Kehren wir nochmals zur großen Mitteltafel zurück. Da kniet in der Mitte des Bildes der alte Mann, nimmt mit einer zarten Geste das Füßchen des Kindes und führt mit der Rechten das Händchen an seine Lippen. Das Kind blickt mit wachen, aufmerksamen Augen am König vorbei, als ob es sagen wollte: Du verwechselst mich! Aber indem es an ihm vorbeisieht, nimmt es seine Huldigung an.

Hinter dem Köpfchen schwach sichtbar, hat der Maler ein paar Strahlen in Kreuzform angedeutet, um noch einmal zu sagen, was schon durch den halbverdeckten Stern und das Kruzifix angedeutet ist: In dem Leben, das auf diese Kindheit folgt, wird deutlich werden, wer Gott ist.

Denn die Herrlichkeit Gottes besteht nicht in seinem Glanz und seiner Macht, sondern in seiner Liebe und seinem Erbarmen mit uns Menschen. Die Szenen im Haus der Maria zu Nazareth, im Stall zu Bethlehem und im Tempel zu Jerusalem sind nur Vorspiele einer Geschichte, in der wir selbst diese Liebe und dieses Erbarmen erfahren sollen.

Herr,
wir sehen dich aus der Ferne
und über den Abstand der Zeit.
Wir hören dich.
Wir suchen dich zu verstehen,
zu begreifen, wer du bist.

Du bist anders als andere Menschen.
Stärker und schwächer.
Erhabener und geringer.
Du verkündest die Ehre Gottes
und begleitest die Verachteten
unter den Menschen.
Du bringst die Kraft Gottes
und bist schwach mit den Schwachen.
Du schaffst Freiheit
und lässt dich binden für die Gebundenen.

Du stehst an Gottes Stelle
und vertrittst doch die Schuldigen.
Du scheidest zwischen Wahrheit und Lüge
und nimmst die Gescheiterten in Schutz
vor dem Recht der Rechtschaffenen.
Du brauchst keine Gewalt
und weichst dem Opfer nicht aus.

Meister des Lebens,
an dir schauen wir, was es heißt,
Mensch zu sein.
Durch dein Antlitz hindurch
schauen wir das Antlitz Gottes.

Wo du bist, verwandelt sich die Welt.
Wandle auch uns.
Mache uns zu Menschen.
Herr, wir glauben.
Hilf unserem Unglauben.

NVNC DIMITTIS
SERVVM TVVM
DOMINE SECVNDVM
VERBVM TVVM
IN PACE

Der Maler und sein Werk

Rogier van der Weyden wurde 1398 oder 1400 in der wallonischen Stadt Tournai geboren als Roger de la Pasture, Roger »von der Weide«. Um 1426 beginnt er dort in der Malerwerkstatt von Robert Campin zu arbeiten und wird 1432 Meister. Über die Jahre vor seiner Lehre ist wenig bekannt, er soll mehrere Reisen unternommen und in dieser Zeit seine Ausbildung begonnen haben. Im Atelier von Campin übernimmt er schon früh eine verantwortliche Rolle.

Man nimmt an, dass Campin identisch ist mit dem »Meister von Flémalle«, von dem die drei Gemälde »Heilige Veronika«, »Madonna mit Kind« und »Fragment einer Kreuzigung« im Städelschen Kunstinstitut in Frankfurt am Main aufbewahrt werden. Die strenge, herbe, asketische Malweise und die ausdrucksstarken Gesichter etwa auf dem »Fragment einer Kreuzigung« lassen vermuten, dass hier der junge Rogier van der Weyden am Werk gewesen sein könnte, sie zeigen aber vielleicht auch den Lehrer, der den Stil seines Schülers nachhaltig beeinflusst hat.

Im Jahr 1435 verlegt Rogier seinen Wohnsitz nach Brüssel, wird Bürger der Stadt und führt von nun an den flämischen Namen. Er wird bei seiner Ankunft zum »offiziellen Stadtmaler« ernannt und behält dieses Ehrenamt bis zu seinem Tod im Jahr 1464. Ab 1442 beginnt er für den Hof Philipps III. von Burgund zu arbeiten, um 1450 unternimmt er eine Reise nach Italien und besucht wahrscheinlich Florenz und Rom.

Der »Dreikönigsaltar« entstand zwischen 1450 und 1455, möglicherweise im Auftrag des Kölner Bürgermeisters Goddert von dem Wasservasse, und stand bis ins frühe 19. Jahrhundert in der Marienkapelle der Sankt-Columba-Kirche in Köln. Er wurde dann durch die Sammlung Boisserée erworben und 1827 an König Ludwig I. von Bayern verkauft. Seit 1836 wird er in der Alten Pinakothek in München aufbewahrt und bildet dort eines der bedeutendsten Werke.

Das um 1456 datierte Werk besteht aus drei Tafeln aus Eichenholz (138 cm × 293 cm) und wurde mit Ölfarben auf einen weißen Kreidegrund mehrschichtig gemalt und lasiert, um leuchtkräftige Farben zu erreichen. Auf ihren Rückseiten sind die Tafeln unauffällig gestrichen, die Flügel waren nicht zum Schließen gedacht.

Rogier van der Weydens Kunst prägte nicht nur den Charakter der niederländischen Malerei des 15. Jahrhunderts mit Hugo van der Goes, Dierick Bouts und Hans Memling, sondern gab auch entscheidende Impulse für die deutsche Spätgotik mit Albrecht Altdorfer, Martin und Ludwig Schongauer und Lucas Cranach dem Älteren und für die zweite Phase der italienischen Frührenaissance, etwa mit Sandro Botticelli.

Bilder aus der Werkstatt des Rogier van der Weyden in deutschen Museen sind vor allem der »Bladelin-Altar«, der »Miraflores-Altar«, der »Johannesaltar«, »Maria mit dem Kind«, »Bildnis einer jungen Frau« und »Portrait Karls des Kühnen« in der Gemäldegalerie Berlin, die »Medici-Madonna« im Städelschen Kunstinstitut Frankfurt am Main, »Heimsuchung« im Museum der bildenden Künste Leipzig und eine Kopie von »Der heilige Lukas malt die Madonna« in der Alten Pinakothek München. Eine große Anzahl weiterer Gemälde werden in Museen in Brüssel, Brügge, Beaune, Amsterdam, Den Haag, London, Paris, Madrid und Wien sowie in Los Angeles, Michigan und Washington aufbewahrt.

Haltet euch an das, was ihr von Jesus Christus wisst,
und geht seinen Weg mit,
wie das Lied sagt:

»Göttlich war er wie Gott,
aber er hielt sein Vorrecht nicht fest,
Gott gleich zu sein.

Er legte es ab,
nahm die Gestalt eines Knechts an
und wurde ein Mensch unter Menschen.

Die Gestalt eines Menschen trug er.
Tief stieg er hinab bis zum Tod,
ja zum Tod am Kreuz.

Darum hat Gott ihn erhöht
und gesetzt über alles, was lebt,
über Menschen und Mächte.

Wo sein Name genannt wird,
sollen alle Knie sich beugen,
im Himmel, auf Erden und unter der Erde,

und jeder Mund soll bekennen:
›Jesus Christus ist Herr!‹,
und Gott, den Vater, rühmen und preisen.«

Brief an die Philipper 2,5–11